Hubertus Scheurer
Für Dich

Hubertus Scheurer

Für Dich

Bibliografische Information Der Deutschen Bibliothek
Die Deutsche Bibliothek verzeichnet diese Publikation
in der Deutschen Nationalbibliografie;
detaillierte bibliografische Daten sind im Internet über
http://dnb.ddb.de abrufbar.

Bibliographic information published by
Die Deutsche Bibliothek
Die Deutsche Bibliothek lists this publication in the
Deutsche Nationalbibliografie;
detailed bibliographic data
are available in the Internet at http://dnb.ddb.de.

Hubertus Scheurer – Für Dich
© Copyright 2006. Alle Rechte beim Autor.
Printed in Germany 2006
2. Auflage

Herstellung und Verlag: Books on Demand GmbH, Norderstedt
ISBN: 978-3-8334-7975-5

Informationen über:
www.Hubertus-Scheurer.de

Vorwort

Nach Erscheinen des ersten Lyrik-Bandes »Daß Liebe unser Leben durchdringt ...« war ein weiterer Gedichtband dieser Art nicht vorgesehen. Die Ereignisse der letzten Monate im Leben des Autors, er hat seine Lebensgefährtin nach einem mehr als vierzigjährigen Zusammensein verloren, haben bei ihm zu dem Entschluß geführt, diesen Band erstellen zu lassen. So widmet er ihr in Liebe dieses Büchlein und beendet es mit den Gedichten über ihren Leidensweg. Damit sieht er auch seine kreative Tätigkeit als beendet an. An den Anfang stellt er seine ersten Gedichte, die er für seine Lebensgefährtin, damals war er einundzwanzig Jahre alt, geschrieben hat.

Liebe, Schmerz, Leidenschaft, Sehnsucht – beim Versuch, das Innerste nach außen zu kehren, werden diese Worte häufig allzu voreilig als leere Hülsen für alltägliche Gefühle herangezogen. Diese Gedichte stammen von einem, der die Worte wirklich füllen kann. Mit Wahrhaftigkeit, mit tiefer Liebe und ebenso tiefem Schmerz über den Verlust des geliebten Menschen. Seit jeher versucht die Dichtung, das Unsagbare mitteilbar zu machen; es mit Worten einzufangen. Der vorliegende Band zeugt von der dichterischen Enthüllung wahrhaftigen Gefühls – im persönlichen und im allgemeinen menschlichen Schicksal.

Simone Tenbusch
Mein Buch

Inhaltsverzeichnis

Die Liebe

Die Liebe ist so wunderbar,
Das glaube ich zu wissen;
Sie bringt Dich Deinen Träumen nah,
Oh, mög sie niemand missen!

Was hat im Leben wirklich Wert,
Kannst du es mir benennen?
Auch nicht die allergrößte Macht
Kann wahre Liebe trennen.

Doch Liebe muß gewachsen sein,
Aus Sand wird nicht in Tagen Stein;
Der Jugend heiße Leidenschaft
Trägt selten nur der Liebe Kraft.

Erst wenn zwei Menschen einig sind,
Ihr Leben sich zu teilen,
Kann ein Herz in dem anderen
In fester Dauer weilen.

An meine Liebste

Von einer Welle fand ich mich erhoben,
Zum Strom der Liebe, meinem größten Glück;
Ich ward von ihm liebkosend warm umwoben,
Die Hoffnung auf das Schöne kam zurück.

Zusammen sind wir fröhlich ausgezogen,
Wie Kinder in ein goldnes Paradies,
Erhöht durch unsre Liebe, ihre Wogen,
Ein Glück, das uns erschauern ließ.

Ein Sturm wird zwischen uns gewaltig fahren,
Nicht trennen unsrer Herzen festes Band;
In reiner Seele werd ich Dich bewahren,
Im Traum verspüren Deine sanfte Hand.

Manch Welle muß an mir vorübergleiten,
Bringt Dir ein treues Liebeswort von fern,
Doch eine werd ich halten auf ihr reiten
In Deine Arme heißgeliebter Stern.

Freunde fürs Leben

Einundzwanzig grad geworden,
Zog ich fort von hier gen Norden,
Bin nach Kanada gefahren,
Um dort Geld mir zu ersparen,

Das als Grundstock dienen sollte,
Weil ich wiederkommen wollte,
Um mit gutem Selbstvertrauen
Ein Geschäft mir aufzubauen.

Doch der Lohn war so bemessen,
Daß er reichte für mein Essen,
Und der Rest ging drauf fürs Zimmer,
Sparen konnt ich nie und nimmer,

Wenn sich da nichts ändern würde;
Schließlich nahm ich diese Hürde,
Indem ich was ausprobierte,
In der Zeitung inserierte:

»Gegen Unterkunft, Verpflegung,
Dies ist wert der Überlegung,
Übernehm ich Haushaltspflichten,
Werd nach Ihrem Wunsch mich richten,

Ihre Kinder gern betreuen,
So, daß Sie es nicht bereuen.«
Ein Herr Benshir hat's gelesen,
Das nun ist mein Glück gewesen;

Ich wurd in sein Haus gebeten,
Hab es kurz darauf betreten,
Denn verständlich, man wollt schauen,
Ob man mir könnt wirklich trauen.

Erstmals spürt ich die Barriere,
Nämlich, daß ich Deutscher wäre,
Sie bestand aus gutem Grunde,
Aus dazu berufnem Munde

Hört ich, welches Leid vor Jahren
Der Familie widerfahren.
Auschwitz! Eltern, ihre lieben,
Warn für immer dort geblieben,

Und ich fühlte mich verraten
Durch der Schreckenherrschaft Taten;
Doch sie reichten mir die Hände,
Meine Suche fand ein Ende,

Ich durft bei den Benshirs bleiben,
Konnte ich nach Hause schreiben.
Ihre Kinder, diese beiden,
Mochten mich von Herzen leiden.

Meinen Lohn, den konnt ich sparen
Bis ich heimwärts bin gefahren,
Doch weit mehr wurd mir gegeben,
Wir warn Freunde nun fürs Leben.

Trennung

Einsam ist der Weg, den ich begehe,
Liebling ohne Dich sinkt mir der Mut,
Leben kann ich nur in Deiner Nähe,
In der Wärme Deiner Herzensglut.

Schnellen Fußes will ich weiterschreiten,
Wenn ich doch erst wieder bei Dir wär!
Und Dein Medaillon wird mich begleiten,
Mich beschützen bis zur Wiederkehr.

Wenn dem Herzen Tränen sich entringen,
Von der Sehnsucht festem Griff umspannt,
Soll es trösten, mir Gewißheit bringen
Als der Lieb und Treue Unterpfand.

Wie Du meinem Herz kannst nicht entweichen,
Du, sein liebster allergrößter Schatz,
Hat das Medaillon als Liebeszeichen,
Bei mir seinen sichren festen Platz.

Ohnmacht

Deine Lippen, welche Ohnmacht!
Deine Augen, Dich berühren;
Höhnen Götter, Eure Andacht,
Quälen, keine Kämpfe führen.

Unsichtbare Fesseln Eure Waffen,
Reißend fürchterliche Schmerzenszeichen,
Wände bauen, niemals mich erschlaffen,
Könnt mein Arm zerschmetternd sie erreichen!

Und aus tiefem Herzen ausgestoßner Schrei
Sollt Euch, Eure Flüche überwinden,
Uns erheben, dieser brennend Schmerzen frei,
Bis verschmelzend sich die Lippen finden.

Geliebte

Geliebte, wie das Herz sich zwängt,
Von allen Seiten so bedrängt,
In dieser weiten Einsamkeit,
Wie glücklich waren wir zu zweit.

Mag ich auch der Stille lauschen,
Hör nur meinen Blutstrom rauschen;
Liebster Schatz, bist fern so weit,
Wie glücklich waren wir zu zweit.

Du lauscht auch, will es mir scheinen,
Lieber nicht, laß mich nicht weinen;
Verbanne sie, die Traurigkeit,
Wie glücklich waren wir zu zweit.

Stemm Dich jedem Sturm entgegen,
Bleibe stolz, sei mein, verwegen;
Bald kommt eine schöne Zeit,
Voller Glück, wir sind zu zweit!

Vergessen

So ist Michél vergessen,
Aus Deinem Herz verbannt,
Und niemand kann ermessen,
Was wahrhaft je bestand.

Die Augen, ach! So treu,
Ihr liebevoller Blick,
Verzaubernd immer neu
Und unsrer Liebe Glück.

Denk ich an unser Wandern,
Umschlungen liebend gleich,
So tief beseelt vom Andern,
Zuvor niemals so reich,

Dann will mein Herz vergehen,
Es gibt auch kein Verstehn;
Erhör mein schmerzlich Flehen,
Dich einmal noch zu sehn.

Für Immer

Ich greif wohl nach den Sternen,
Für immer möcht ich Dich;
In Dir zu lesen lernen,
Wär Lebensziel für mich.

Weißt Du von meinem Herzen,
Das nur um Dich sich bangt,
Erfüllt von wilden Schmerzen,
So sehr nach Dir verlangt?

Oh mög was jetzt ein Traum ist,
Ein Leben lang bestehn,
Wo Du mein ganz allein bist,
Ein Glück, das ich ersehn!

Hoch der Turm

Hoch der Turm, den wir zu zweit
Mühevoll so oft bestiegen,
Sei ein Weg auch noch so weit,
Liebe läßt sich nicht besiegen.

Und der Lohn ein Himmelreich,
Welche Aussicht von hier oben,
Deine Augen Sternen gleich,
Diese Schöpfung möcht ich loben.

Doch da reißt es mich hinab
In die fürchterliche Tiefe;
Sicher wär mir wohl das Grab,
Wenn Dein Herz mich jetzt nicht riefe.

Niemals schreckt der Abgrund mich,
Denn Du hast mich ganz gewonnen;
Leben kann ich nur für Dich,
Was das Schicksal auch ersonnen.

Die Freiheit der Wahrheit*

Daß der Mensch sich allgemein
Einer Wandlung unterzieht,
Es dürft wohl ein Wunschtraum sein,
Daß dies irgendwann geschieht.

Doch wir brauchen ihn, den Traum,
Was vereinzelt Wirklichkeit,
Könnt gewinnen noch an Raum,
Wenn wir nutzen unsre Zeit,

Um zu wirken in dem Kreis
Der auf wahrem Grunde steht,
Wo man allzu gut nur weiß,
Wie leicht Freiheit untergeht.

Für der Wahrheit Grundbestand
Kommt es auf's Bewußtsein an
Eines Volkes, ob im Land
Er sich frei entfalten kann.

Erreicht man die Menschen nicht,
Folgt Beherrschung und Zensur,
Es verlöscht der Freiheit Licht;
Laßt zurückdrehn nicht die Uhr!

*Sh. Karl Jaspers »Mitverantwortlich« Seite 201

Der Apfel fällt nicht weit vom Stamm

Der Apfel fällt vom Stamm nicht weit,
Der Spruch besteht seit Ewigkeit,
Wer zweifelt sollte sich bekennen
Und seine Gründe dafür nennen.

Wir wissen, daß die Sippenhaft
Nichts taugt, nur neues Unrecht schafft,
Bei manchem Apfel wüßt indessen
Man gern, wo hat der mal gesessen.

Was für ein Baum war's, der ihn trug,
Hat er vererbt ihm manchen Zug,
Würd er auf dessen Spuren wandeln
In gleicher Zeit, wie er einst handeln?

Wenn er nicht weit vom Stamme fällt,
Wie soll sich ändern diese Welt,
Der Mensch bleibt gleich zu allen Zeiten,
Es ändern sich Gegebenheiten.

Denken und Leben

Wenn das Denken und das Leben
Sich zur Einheit hin verweben,
Sind wir einsam in der Welt,
Meist allein auf uns gestellt. [1]

Finden kaum einmal Gefallen,
Eher Gegnerschaft bei allen, [2]
Weil ein Mensch, der sehr viel denkt,
Dadurch schon die andern kränkt.

Denn sie wolln befreit vom Denken
Sich im Wohlgefühl versenken,
Wo ein Mensch der denkt nur stört,
Somit auch nicht hingehört.

Soll nach wahrem Sinn er streben,
Sie wolln heute was erleben,
In der Welt von fadem Schein
Glücklich und zufrieden sein.

1) und 2) Sh. »Hermann Hesse Lektüre für Minuten« S.147

Das liebe Geld

Eins verleiht das liebe Geld,
Sprach ein kluger Mann von Welt,
Doch nur wenige verstehen,
Mit dem Einen umzugehen. [1]

So entgeht grad der Gewinn,
Dem der Geldbesitz gibt Sinn:
Aus den Zwängen sich entwinden,
Und das Freisein zu empfinden. [2]

Dies wurd für mich der Genuß,
Reichlich, fast im Überfluß,
Um nun über das zu schreiben,
Wo es sonst heißt, still zu bleiben.

Folgerichtig hat gestellt
Man den Antrag, mir mein Geld
Schleunigst wieder abzunehmen,
Damit man den Unbequemen

Ausschließt aus dem freien Sein,
Bindet ihn in Zwänge ein,
Wo er seine Machenschaften
Nicht mehr länger kann verkraften.

1) und 2) Sh. August von Platen in
»Der ewige Brunnen« S. 619

Unfehlbarkeit

Richter, sie erwarten Huld,
Weil sie mich zum Schuldner machten,
Einem Schuldner ohne Schuld,
Würden sie das mal betrachten,

Wär es wirklich an der Zeit,
Laut Entschuldigung zu sagen,
Zeigte mir, daß Ehrbarkeit
Auch von ihnen wird getragen.

Doch man wird wohl kaum erleben,
Daß ein Richter in sich geht,
Um sein Urteil aufzuheben,
Das einmal geschrieben steht.

Schließlich möchte er nicht fehlen,
Sondern stets unfehlbar sein,
Sich nicht mit der Wahrheit quälen
Und so reicht ihm schon der Schein.

Die Entmündigung

Wär es nicht ein schönes Ende,
Wenn man einen Vormund fände,
Der für Sie entscheiden kann,
Dacht' für mich ein Anwalt an,

Dem ich, was ich nicht bestreite,
Kaum Vergnüglichkeit bereite,
Dadurch, daß ich Verse schreib
Ihm, grad so wie auf den Leib.

Nicht nur damals, nein auch heute
Macht man mundtot solche Leute
Und stellt sie, wenn möglich kalt,
Sagte sich der Rechtsanwalt.

Noch konnt er nicht überzeugen
Richter, so das Recht zu beugen,
Doch er liefert den Beleg,
Daß man ist auf bestem Weg

Hin zu gern vergessnen Zeiten,
Deshalb werd ich weiter streiten,
Vielleicht hört man von mir bald
Dann aus der Verwahranstalt.

Unrecht eingefroren

Wer mein erstes Buch gelesen
Mit ein klein wenig Verstand,
Wäre schon im Bild gewesen,
Hätt mit Sicherheit erkannt,

Daß die Richter sich verfahren,
Und sie kennen wohl den Grund,
Dadurch auf dem Holzweg waren,
Für das Recht nicht grad gesund.

Einen Fehler eingestehen,
Dazu braucht es bestimmt Mut.
Wer hat schon bei uns gesehen,
Daß ein Richter so was tut?

Und so schrieb ich eifrig weiter,
Ging den Richtern auf ein Licht,
Dacht ich, werden sie gescheiter,
Doch sie lasen lieber nicht.

Hier der Wahrheit nachzugehen,
Wär ganz sicher ehrenwert,
Auch dafür dann einzustehen,
Wenn man vorher lag verkehrt.

Doch mit solchen Denkvorgängen
Wird sich gar nicht erst befaßt,
Eher läßt man einen hängen
Oder steckt ihn in den Knast.

Manchem klingen da die Ohren,
Und er denkt dann wohl daran,
Wieviel Unrecht eingefroren,
Bei Gericht man finden kann.

Schlaf Richter, schlaf!

Schlaf Richter, schlaf,
Es ist der Paragraph,
Der Dich so friedlich schlafen läßt,
Du schläfst zufrieden und ganz fest,
Schlaf Richter schlaf,
Gut ist der Paragraph.

Schlaf Richter, schlaf,
So selig wie ein Schaf,
Das Denken, es darf gleichfalls ruhn,
Weil das die Paragraphen tun,
Schlaf Richter, schlaf,
Es denkt der Paragraph.

Schlaf Richter, schlaf,
Der Paragraph ist brav,
Er zeigt Dir an, was richtig ist,
Auch wenn er nicht nach Wahrheit mißt,
Schlaf Richter, schlaf,
Der Paragraph ist brav.

Schlaf Richter, schlaf,
Und wachst Du auf, dann straf,
Dann tu uns Deine Weisheit kund,
Aus tiefstem Paragraphengrund,
Straf Richter, straf,
Gut ist der Paragraph.

Für's Recht zugrunde gehn

Ein alter Rechtsgrundsatz besagt,
Daß, wenn ein Mensch wird angeklagt,
Der Kläger zu beweisen hat,
Dem Angeklagten seine Tat.

Solang noch aussteht der Beweis,
Gibt man nicht dessen Unschuld preis,
Und dies ist gut, man braucht Geduld,
Verurteilt niemand ohne Schuld.

Anders bei Hamburgs Landgericht,
Kennt man dort diesen Grundsatz nicht?
Mit dem, wie man mich hat belehrt,
Wurd er ins Gegenteil verkehrt.

Wenn hier der Kläger weiter lügt,
Wird das nicht vom Gericht gerügt;
Kein Grund, daß er dies unterläßt,
Stellt jetzt nicht der Beklagte fest,

Durch den Beweis eindeutig klar,
Daß schuldhaft es der Kläger war,
Der laut getönt aus falscher Brust,
Obwohl er's besser wissen mußt.

Da braucht' ich wirklich guten Rat,
Fand aber niemand in der Tat,
Der den Beschluß konnte verstehn,
Und wußt', wie's könnt vonstatten gehn.

So steh ich hier, ich armer Tor,
Und geh nun analytisch vor,
So, daß vielleicht doch noch gelingt,
Was Goethes Faust nicht fertigbringt.

Stellt sich als dumm der Kläger hin,
Heißt dies, daß ich der Dumme bin,
Denn damit zeigte er doch an,
Daß er nichts besser wissen kann.

Ich müßt ihn führn auf's glatte Eis
Im Antidämlichkeitsbeweis;
Am besten wär die Beugehaft,
Die so zurück sein Wissen schafft.

Dies würde deshalb schon nicht gehn,
Weil Richter hinter mir nicht stehn;
Und es gibt manchen klugen Mann,
Der sich nicht mehr erinnern kann.

Auch den, der gar nicht wissen wollt,
Das, was er einfach wissen sollt;
Nun ja, man macht es mir nicht leicht,
Bisher hab ich noch nichts erreicht.

Steh mit dem Rücken hin zur Wand,
Hab aber doch was in der Hand;
Ich frag den Kläger, bitte sehr,
Wo ist das gute Wissen her?

Der Zeuge, nun, das ist recht dumm,
Fiel, wie bekannt, schon halbwegs um,
Der Kläger hat, nun gebt gut acht,
Den Vorwurf sich halb ausgedacht.

Doch Recht ist eine harte Nuß,
Die trotz Beweis man knacken muß,
Und spieln die Richter da nicht mit,
Wirst Du belohnt mit einem Tritt.

Könnt helfen ich dem Recht zum Recht,
So, daß entschieden würd gerecht,
Dann könnt ich, wie einst Faust es sehn,
Und dafür gern zugrundegehn.

Die Paragraphenbeete

Was ist Unkraut und was nicht,
Eine Frage für's Gericht,
Denn die Richter sollen jäten
Auf den Paragraphenbeeten.

Allzuoft reicht ihr Verstand
Nur bis an des Beetes Rand,
Werden Pflanzen ausgerissen,
Frei von den Gewissensbissen,

Selbstbewußt mit schneller Hand,
Weil ihr wahrer Wert verkannt,
Richter nicht gern tiefer schauen,
Nur den Paragraphen trauen.

Gleichsam als ein Denkersatz
Der bequeme Ruheplatz,
Doch zum Schaden für die Böden,
Die austrocknen und veröden,

Wo kaum Gutes noch gedeiht,
Unrecht rauf zum Himmel schreit,
Wurd das Recht verletzt, getreten
Auf den Paragraphenbeeten.

In Volkes Namen

Wenn die Richter stets verkünden,
Daß im Dienst des Volks sie stünden,
Müßten sie es ehren, achten
Als den Souverän betrachten.

Doch wenn sie bei allem Wissen
Lassen das Gefühl vermissen
Für die Ehre, fragt sich eben,
Wie sie die dem Volk wolln geben.

Dies Gefühl, es gibt den Rahmen,
Um wie sie, in Volkes Namen,
Was sie urteiln zu verkünden,
Damit läßt es sich begründen.

In dem wahrheitlichen Streben
Dürft ihr euch die Ehre geben,
Seinen Namen zu benutzen,
Würdet ihn sonst nur beschmutzen.

Die Restlaufzeit

Mein Leben ist Vergangenheit,
Verblieben eine Restlaufzeit,
Und gleich, wie Richter auch verfügen,
Sie müssen sich mit dem begnügen,

Was zur Verfügung übrig ist,
Vom Ganzen eine kurze Frist;
So wie die Richter hier entscheiden,
Bin ich drum wahrlich zu beneiden,

Mein Einsatz für ein freies Sein
Scheint überschaubar, eher klein;
Wird er auch langsam krumm, mein Rücken,
Vor ihnen wird er sich nicht bücken.

Brecht ihn nur über mich den Stab,
Ich nehm ihn freudig mit ins Grab,
Sag mir, die richterlichen Schlunzen,
Sie konnten nur den Rest verhunzen.

Auf wackeligen Beinen

Freiheit, Rechtsstaat — ja, beim Schwätzen
Stehn wir auf den ersten Plätzen,
In Gemeinschaft mit dem Wahren [1]
Lassen sie sich erst erfahren.

Sind die Reden, die geschwungen,
Denn von wahrem Geist durchdrungen,
Solln sie nicht stattdessen lenken,
Zweckgerichtet weg vom Denken? [2]

Werden drauf dann nach Belieben
Von der Presse schöngeschrieben,
Die am Zügel fest gehalten, [3]
Schwört, sie würd sich frei entfalten.

Dann die rechtlichen Instanzen,
Die nicht aus der Reihe tanzen,
Paragraphenblind entscheiden
Und die Wahrheit dabei meiden.

Freiheit, Rechtsstaat, will mir scheinen,
Stehn auf wackeligen Beinen,
Deshalb sollten wir beizeiten
Das Bewußtsein dafür weiten.

[1]-[3] Sh. Karl Jaspers »Vernunft und Freiheit« Seite 338

Treu und Glauben

Es heißt, Treu und Glauben brechen,
Wird sich einmal bitter rächen, [1]
Denn wer Treu und Glauben bricht,
Verliert dadurch sein Gesicht.

Und genau das gilt für jeden,
Es hilft nicht, sich rauszureden,
Wer den beiden abgeschworen,
Hat für immer sie verloren. [2]

Muß fortan die Folgen tragen,
Die beständig an ihm nagen;
So wird für das falsche Treiben
Auch die Strafe nicht ausbleiben. [3]

Daß ein Angriff auf die Ehre
Nur von außen möglich wäre,
Durch Verleumdung leuchtet ein,
Dürfte drum Gewißheit sein. [4]

Hier hilft nur das Widerlegen;
Aufmerksamkeit zu erregen,
Damit durch den Kenntnisstand
Der Verleumder wird erkannt. [5]

[1]-[5] sh. Schopenhauer »Aphorismen zur Lebensweisheit«
Seite 92 u. 93

Der Einfalt Segen

Eins muß manchem Mensch man lassen,
Fehln im Schrank auch ein paar Tassen,
Weiß er Dinge anzufassen
Wo ein andrer würde passen.

Zeigt sich oft, ein großes Wissen
Macht noch lange nicht beflissen,
Sich zu wirklich großen Dingen
Dann auch selber aufzuschwingen.

Weil das allzu viele Wägen
Steht dem gradezu entgegen,
Würd verhindern sich zu regen,
Und so bleibt dann aus der Segen;

Dem Einfältigen beschieden,
Der kein Risiko gemieden
Und dem Glück die Chance gegeben,
Ihn dadurch emporzuheben.

So greift dieser zu den Sternen,
Der bescheiden ist im Lernen,
Und wir sollten ihm das gönnen,
Weil wir von ihm lernen können.

Wände

Immer wieder Wände, Wände
Werden in den Weg gestellt,
Bis zu Deinem Lebensende
Eine wanddurchzogne Welt.

Wände aus gemeinen Lügen,
Aus durchtriebner Hinterlist,
Aufgestellt um zu betrügen,
Wände, die Du nie vergißt.

Wände, die den Blick verbauen
Hin zu einem schönen Sein,
Die Dir nehmen das Vertrauen,
Offenbar'n den falschen Schein.

Immer wieder Wände, Wände,
Sie entstehen immer neu,
Und so zählt dann nur am Ende,
Ob Du Dir bliebst selber treu.

Die Wunden

Ein weitres Buch wollt man nicht lesen,
Was ist der Grund dafür gewesen?
Die Antwort gab ein kluger Mann,
Er strengte sehr sein Köpfchen an.

Und hört, er hat herausgefunden,
Ich leckte nur die eignen Wunden,
Die wären, sagte sein Verstand,
Für andre wenig interessant.

Ich möchte ihn dadurch nicht kränken,
Doch was er sagt, zu überdenken,
Scheint mir, auch wenn es Mühe macht,
In jedem Falle angebracht.

Er möge sich daran nicht stören
Und dazu meine Meinung hören:
Wer nicht die eigne Wunde spürt,
Wird auch von fremder nicht berührt.

Man sollte deshalb zwischen beiden,
So denk ich, auch nicht unterscheiden,
Die Wunde nur als solche sehn
Und keine einzge übergehn,
Nur so, das möchte ich bekunden,
Kann unsre Welt vielleicht gesunden.

Wie sieht es bei Dir zu Hause aus?

Du möchtest Frieden und sagst
Überall sollte Frieden für immer sein,
Erhitzt Dich für so ein großes Ziel,
Doch erregst Du Dich nicht nur zum Schein?

Wie sieht es bei Dir zu Hause aus,
Mit den Menschen im täglichen Leben?
Wie oft ging es dort nicht friedlich zu,
Hat es Streit, böse Worte gegeben!

Sei Vorbild, zeig wie es richtig ist,
Bestelle zuerst Dein Feld,
Im eigenen Tun, durch Geben bestimmt,
Liegt der Schlüssel zur besseren Welt.

Du möchtest verändern und sagst
Überall soll das Leben gerechter sein,
Erhitzt Dich für so ein großes Ziel,
Doch erregst Du Dich nicht nur zum Schein?

Wie sieht es in Deinem Umkreis aus,
Mit den Menschen im täglichen Leben?
Vielen davon geht es nicht gut wie Dir,
Hast Bedürftigen nichts gegeben!

Sei Vorbild, zeig wie es richtig ist,
Bestelle zuerst Dein Feld,
Im eigenen Tun, durch Geben bestimmt,
Liegt der Schlüssel zur besseren Welt.

Du möchtest Liebe und sagst
Überall sollte Liebe zu finden sein,
Erhitzt Dich für so ein großes Ziel;
Doch erregst Du Dich nicht nur zum Schein?

Wie sieht es bei Dir zu Hause aus,
Mit den Menschen im täglichen Leben?
Allzu häufig gingst Du an ihnen vorbei,
Hast vergessen, Liebe zu geben!

Sei Vorbild, zeig wie es richtig ist,
Bestelle zuerst Dein Feld,
Im eigenen Tun, durch Geben bestimmt,
Liegt der Schlüssel zur besseren Welt.

Hoffnung

Ich sah ein kleines Veilchen blühen,
Und es stand am Wegesrand allein
Fragte es, ob es nicht einsam sei,
Es sprach: »Nein, ich warte auf den Sonnenschein.«

Ich hört ein kleines Vöglein singen,
Und es saß auf einem Baum allein;
Fragte es, ob es nicht einsam sei,
Es sprach: »Nein, ich warte auf den Sonnenschein.«

Ich traf einen kleinen Jungen,
Er war ernst und sah sehr traurig aus;
Die Eltern hatte er verloren
Und lebte nun in einem Waisenhaus.

Erzählte ihm vom kleinen Veilchen,
Der Junge sah mich schweigend dabei an;
Vom Vöglein sprach ich auch, zu lächeln er begann,
Weil jeder Mensch ein bißchen Hoffnung braucht.

Jeder Mensch braucht Hoffnung,
Hoffnung gibt uns Mut;
Bist Du noch so traurig,
Es wird auch wieder gut.

Wenn er nur unsre Sorgen hätt'

Ihr kennt ihn auch den jungen Mann
Der keine Arbeit hat,
So ist er oftmals deprimiert,
Dann hat er alles satt.

Der Alte, der gebrechlich ist,
Allein, sieht kaum noch Sinn;
Denkt er an diesen jungen Mann,
Spricht leis er vor sich hin:

Was? Andre Sorgen hast Du nicht?
Sind Deine Sorgen klein,
Wenn ich nur Deine Sorgen hätt,
Würd ich schon glücklich sein.

Ein Mensch, der glaubt sich schlecht bezahlt,
Ein anderer verkannt;
Ein Dritter fühlt sich auch frustriert,
Weil er sein Glück nicht fand.

Die Frau, die's Augenlicht verlor,
Ist dennoch unverzagt,
Wenn sie an die Probleme denkt,
Hört niemand wie sie sagt:

Was? Andre Sorgen habt Ihr nicht?
Sind Eure Sorgen klein,
Wenn ich nur Eure Sorgen hätt,
Würd ich schon glücklich sein.

Wir alle haben dies und das
Und meinen, uns geht's schlecht,
Wenn wir schnell unzufrieden sind,
Ist das denn wirklich recht?

Der Mitmensch, der im Rollstuhl sitzt,
Ihn traf das Schicksal schwer,
Wenn er von unsren Klagen hört,
Denkt ohne Vorwurf er:

Was? Andre Sorgen habt Ihr nicht?
Sind Eure Sorgen klein,
Wenn ich nur Eure Sorgen hätt,
Würd ich schon glücklich sein.

Wär es nicht besser für das Kind?

Ein Kind, das niemand haben will,
Das ohne Liebe tritt ins Leben,
Wär es nicht besser, dieses Leid,
Würd es erst gar nicht geben?

Ein Kind, das nicht geborgen ist,
Das schon im Mutterleib allein;
Wär es nicht besser für das Kind,
Es würde nicht geboren sein?

Was heißt für dies Kind nicht geboren zu werden?
Ist das nicht frei sein von den Qualen auf Erden,
Heißt das nicht Schweben im göttlichen Raum?
Paradies genannt, der Lebenden Traum.

Ein Kind, das Hungers sterben muß,
Weil unsre Welt es nicht ernährt,
Würd so ein Kind nicht erst geboren,
Wär das denn wirklich so verkehrt?

Ein Kind, das aussieht wie ein Greis,
Das morgen in den Rinnstein fällt;
Wär es nicht besser für das Kind,
Es hätt sie nie gesehn die Welt?

Was heißt für dies Kind nicht geboren zu werden?
Ist das nicht frei sein von den Qualen auf Erden,
Heißt das nicht Schweben im göttlichen Raum?
Paradies genannt, der Lebenden Traum.

Schau hinter die Kulissen!

Schau hinter die Kulissen,
Dann wirst Du plötzlich sehn,
Daß auf der Bühne dieser Welt
Nur ganz normale Menschen stehn.

Man sagt, daß der Direktor
So gut wie alles kann,
Doch wenn er dann nach Hause kommt,
Hat seine Frau die Hosen an.

Der General beim Militär
Beeindruckt ganz enorm,
Kein Wunder, denn er trägt ja auch
Die allerschönste Uniform.

Das cover girl bezaubert,
Nimmt viele für sich ein,
Ist es erst wieder ungeschminkt,
War's oft dann nur ein schöner Schein.

Es gibt auch den Minister,
Der sich für'n Staatsmann hält,
Sieht man jedoch genauer hin,
Wird er gelenkt vom großen Geld.

Da predigt so manch einer
Moral, fühlt sich sehr schlau,
Und nimmt es selbst, wenn's keiner sieht,
Damit dann gar nicht so genau.

Schau hinter die Kulissen,
Dann wirst Du plötzlich sehn,
Daß auf der Bühne dieser Welt
Nur ganz normale Menschen stehn.

Susanne

Das Nachbarskind Susanne,
Man fand es tot im Wald,
Wir können es nicht fassen,
Zwölf Jahre war sie alt,

Und wurde bestialisch
Gequält und umgebracht,
War so ein frohes Mädel,
Und hat so gern gelacht.

Auf ihrem Grabstein liest man:
Du warst ein Sonnenschein
Und wirst bestimmt im Himmel
Ein kleiner Engel sein.

Den Mörder hat gefaßt man,
Ihn läßt die Sache kalt;
Was sollte er auch machen?
Es überkam ihn halt.

Ihr aber habt zu richten
Und seid in großer Not;
Ich kann dazu nur sagen,
Gebt diesem Mann den Tod!

Ich will ihn nicht ernähren
Mit meinem Steuergeld
Und mein' auch, er hat keinen
Platz mehr auf dieser Welt.

Ein schneller Tod ist Gnade
Für einen solchen Mann,
Und er mag darauf hoffen,
Daß Gott vergeben kann.

Das Ohrläppchen

Für den Boxer nur ein Häppchen,
So ein kleines Stück Ohrläppchen
War, weiß Gott, nicht grade fein,
Könnt auch Schicksalsfügung sein,

Denn auf Ehre und Gewissen,
Wird der Gegner dies vermissen,
Wenn er ernstlich überdenkt,
Was ihm dadurch wurd geschenkt?

Kommt es hoch, vielleicht sein Leben,
Weil ein Schlag, mit Wucht gegeben,
War für manchen schon der Start
Für die große Himmelfahrt.

Und man würd sich kaum empören,
Sollt ein Schlag das Hirn zerstören,
Das ist nun halt einmal so
Vom Beruf das Risiko.

Schließlich möchte man mitnichten
Auf den großen Spaß verzichten,
Wenn der eine zeigt sich froh,
Und der andre geht k.o.

Läßt der Boxer sich hinreißen,
In das Ohrläppchen zu beißen,
Da gibt's keinen Meinungsstreit,
Geht entschieden das zu weit.

Graf und Schaf

Das Verhalten von Herrn Graf
War nun in der Tat nicht gräflich,
Er verhielt sich wie ein Schaf,
Ich würd sagen eher sträflich.

Denn dem Schaf sind angeborn
Die beschränkten Eigenschaften;
Hat der Mensch sie nicht verlorn,
Sollt er dafür aber haften.

Wozu hat er den Verstand,
Will er ihn partout nicht nutzen,
Drückt ihm Bürsten in die Hand,
Mög er uns die Schuhe putzen.

Der Kreisverkehr

Schwimmbad: Form oval bis rund,
Gut besucht zu dieser Stund;
Sinnvoll wär jetzt Kreisverkehr,
Doch sie schwimmen hin und her.

Plötzlich dann geht gar nichts mehr,
Nämlich auch noch kreuz und quer;
Kreisverkehr und links herum,
Viele sind dafür zu dumm,

Dabei ist leicht einzusehn,
So würd's gleich weit besser gehn;
In dem Kreis ergibt sich drum
Das Verteilungsoptimum,

Weil wer schneller schwimmt sodann
Stets links überholen kann;
Schluß mit dem Zusammenstoß,
Ja, wie einfach wär das bloß.

Doch so mancher, wenn er denkt,
Denkt, für mich ist das geschenkt,
Was wohl schern die andern mich?
Zuerst komme immer ich.

Ein töricht Weib

Bin ich nicht ein töricht Weib,
Schwing ihn aus zum Zeitvertreib
Meinen Schläger, das ist Golfen,
Manchmal etwas unbeholfen,

Doch es überwiegt die Lust,
Welch Empfinden in der Brust,
Sehe ich den Golfball fliegen
Bis er bleibt vorm Loche liegen.

Dabei wird mir nichts geschenkt,
Hab die Hüfte mir verrenkt,
Und die drauf erlittnen Schmerzen
Gingen wirklich mir zu Herzen.

Doch ich bin ein töricht Weib,
So daß ich am Balle bleib,
Darf ich meine Bälle schlagen,
Will ich Schmerzen gern ertragen.

So sind wir

So sind wir und so bleiben wir,
Des Erdballs allergrößte Zier,
Wir bauen und vermehren,
Zerschlagen und verheeren.

Sich gerne haben oder hassen,
Vermögen ganze Menschenmassen,
Und nimmt man nur Personenkreise,
Na schweigen wir, dann sind wir weise.

Da rennen, hasten sie dahin,
Ein jeder so nach seinem Sinn;
Man lebt am besten heiter,
Denn Zeit läuft nun mal weiter.

Genießen, etwas haben,
Sind wohl die schönsten Gaben,
Sie krönen dann das Leben,
Ach! Mög man uns vergeben!

Elfriede

Elfriede Zipp ging zum Erstaunen
Bevorzugt in gemischte Saunen,
Obwohl, man hat es oft gehört,
Der Blick der Männer sie empört.

Die Männer konnt man gut verstehen,
Elfriede war schön anzusehen,
Doch wie das ist, so mit den Jahren
Hat sie Veränderung erfahren.

So guckte plötzlich keiner mehr,
Elfriede wurd ums Herz es schwer,
Und insgeheim muß sie nun denken,
Würd man ihr einen Blick nur schenken.

Frau der Tat

Frau Nachbarin beliebt zu stören,
Sie ist überall zu hören,
Wenn sie durch den Garten schreit,
Gleich zu welcher Tageszeit.

Und zu später Abendstunde
Dreht sie gern noch ihre Runde
Mit dem Rasenmäher laut,
Weil der Lärm sie so erbaut.

Danach wie Sirenenklänge
Folgen ihre Nachtgesänge,
Man muß sagen, das Konzert
Ist entgangnen Nachtschlaf wert.

Gleich darauf am nächsten Morgen
Wird ihr Amt sie dann besorgen,
Sie als eine Frau der Tat
Ist Regierungsoberrat.

Sinn und Sinnlos

Herr Sinnlos zog Herrn Sinn am Ohr
Und lachte, das war sein Humor;
Herrn Sinn, dem kam das komisch vor,
Er dachte sich, was für ein Tor.

Der ist ganz sicher nicht bei Sinnen,
Doch laß ihn ruhig weiterspinnen,
Zum Streit kann er mich nicht gewinnen,
Wortlos ging drum Herr Sinn von hinnen.

Die andre Wange

Jemand schlug ihm auf die Wange,
Er hielt auch die andre hin,
Und, es dauerte nicht lange,
Traf ein weitrer Schlag sein Kinn.

Darauf wolln wir uns beschränken,
Wie die Sache weitergeht,
Mag sich jeder selber denken,
Wer hier seinen Mann nicht steht,

Wird gepeinigt und getreten,
Hat mit Bösem er Geduld,
Hilft kein Hoffen und kein Beten,
Erwächst daraus eigne Schuld.

Unrecht gilt es abzuwehren,
Und zwar mit der ganzen Kraft,
Es wird sich sonst weiter mehren,
Weil es stetig Unheil schafft.

Lebensweisheit

Was man für recht hält, muß man tun, [1)]
Dein Feld bestellst Du nicht im Ruhn,
Du gehst auch leichter von der Welt,
Hast Du zuvor es gut bestellt.

Räum ein den Dingen nur die Macht
Wie Du es hältst für angebracht,
So führt der Weg zur Weisheit hin,
Bestimmt man selbst des Lebens Sinn,

Indem man nicht an andern hängt,
Schicksal von außen her empfängt,
Es aus dem eignen Innern führt,
Als Atemzug des Lebens spürt. [2)]

1) und 2) Sh. Hermann Hesse »Lektüre für Minuten«
S. 99 u. 102

Mein Bestreben

Für alle nichts, für jeden was,
So stellte sich die Frage;
Ich schrieb darauf so dies und das
Und über meine Lage.

Für jeden was, macht das denn Sinn?
Ich wollt es ausprobieren
Und hatte dabei immerhin
Rein gar nichts zu verlieren.

Für alle nichts, was stört's, nun gut
Auch damit läßt's sich leben,
Wenn man für sich das Rechte tut,
Grad dies war mein Bestreben.

Die Würgschaft

Den besten Freund hast Du in ihm gesehn,
Wer euch beide kannte, wollt das nicht verstehn.
Man sagte Dir oft, er ist zynisch, kalt,
Eine menschenverachtend böse Gestalt.

Du glaubtest es nicht, meintest, er wär nicht schlecht,
Die anderen würden ihm nicht gerecht;
Im Kern sei er doch ein aufrechter Mann,
Auf den ein Freund mit Stolz blicken kann.

Du fühltest Dich stark und merktest nicht,
Daß ein Mensch wie er nur die Schwächeren bricht.
Er wußte genau, Du warst nicht bang,
Kein Opfer für seinen sadistischen Drang.

Bei Dir fand er Beistand, er klagte sich aus,
Über seine Probleme, beruflich, zu Haus.
Für Dich hieß Freundschaft fest zu ihm stehn,
Im Notfall für ihn durch's Feuer gehn.

Doch dann kam für Dich eine furchtbare Zeit,
Zu Boden geworfen, nicht mehr lebensbereit;
Nun zeigte er Dir, Du faßtest es nicht,
Sich langsam verändernd, sein wahres Gesicht.

Wehrlos am Boden, trat er auf Dich ein,
Sadistisch dosiert, zur gesteigerten Pein;
Du warst nichts mehr wert, er hatte die Macht,
Hätt Dich gern noch um die Ehre gebracht.

Die Seele zerstört, und er gab keine Ruh,
Er schlug immer wieder von neuem zu;
Doch endlich vor seinem letzten Tritt
Schworst Du, ich nehm ins Jenseits ihn mit.

Ihr seid nun vergangen in Ewigkeit,
Kein Beispiel für eine bessere Zeit;
Es bleibt nur zum Abschluß die Bitte,
Nicht noch mal das gleiche durch dritte.

Vertrauensbruch

Hast Du mit einem Freund gebrochen,
Und er kommt wieder angekrochen,
So hinterfrage sehr genau,
Was bringt es, wenn ich ihm vertrau?

Was im Charakter festgeschrieben,
Wird sich nicht ändern, ist geblieben,
So daß, was drum zu Bruch ging dann
Sich durchaus wiederholen kann. [1]

Er könnte von sich selber meinen
Als unentbehrlich zu erscheinen,
Und tritt im weiteren Verlauf
Deshalb sogar noch dreister auf. [2]

Es ist daher auch angemessen,
Das schlechte Tun nicht zu vergessen,
Weil die Versöhnung doch zumeist [3]
Als eine Schwäche sich erweist.

Und wer nicht klug wurd aus dem Schaden,
Hat ihn noch einmal auszubaden
Als ob sein schwer erworbnes Gut
Wird fortgerissen mit der Flut. [4]

Sh. A. Schopenhauer »Aphorismen der Lebensweisheit«
1)-3) Seite 213
4) Seite 229

Unser guter Stern

Wenn Gefühle in uns mahlen,
Losgelöst vom Rationalen,
Die einander widerstreben,
Welchem soll man Vorrang geben?

Sind wir frei, wenn wir entscheiden
In dem Wechselspiel der beiden?
Der Charakter, uns zu eigen,
Wird uns eine Richtung zeigen.

Schaun wir in uns, mög uns leiten,
Auf dem rechten Weg begleiten
Unser guter Stern, uns führen,
Den wir tief im Innern spüren.

Zum ewgen Heil

Wer die Hölle hier auf Erden
Hat bereits als Mensch durchlebt,
Wird bestimmt ein Engel werden,
Der mal in den Himmel schwebt.

Heißt es doch, es wird erhoben,
Wer zuvor erniedrigt wurd,
Erst mal unten, dann ganz oben,
So wie eine Neugeburt.

Dafür sollte man gern leiden,
Ja, das Leiden, es macht Sinn,
Später ist man zu beneiden,
Ewges Heil, welch ein Gewinn!

Reich an Dummheit

Mir scheint, daß wir hier auf Erden
Reicher an der Dummheit werden,
Ja, sie tritt, ganz außer Frage,
Immer deutlicher zutage.

Diese Vielzahl an Geschöpfen
Mit vernagelt hohlen Köpfen
Kommt uns nun auf allen Wegen
Unausweichlich stets entgegen.

Um sich nicht mehr aufzureiben,
Müßte man zu Hause bleiben,
Weil die Rücksichtslosigkeiten
Sich genauso schnell verbreiten

Wie die Dummheit, und wir sehen
Hand in Hand die beiden gehen,
Können uns darauf einstellen,
Daß sich mehren ihre Quellen,

Da sie schon in hohen Kreisen
Mitbestimmen, Richtung weisen,
Bleibt zu hoffen, daß auf Erden
Wir an Dummheit ärmer werden.

Wer ich bin

Sie wolln wissen, wer ich bin,
Meine Antwort: Immerhin
Reicht's mir, wenn ich's selber weiß
Ich geb kein Geheimnis preis;

Säh darin auch keinen Sinn,
Hätte ich davon Gewinn,
Wenn Sie, was ich sag, verzerrn?
Also bitte meine Herrn,

Warten Sie noch ein paar Jahr',
Schreiben Sie dann wer ich war,
Halten Sie's solange aus,
Dann kommt sicher mehr heraus.

Ich werd nicht im Wege stehn,
Und man kann genau das sehn,
Was ins Bild am besten paßt,
Auch schon deshalb keine Hast.

Schreiben Sie, der Idiot
Blieb sich treu bis in den Tod
Oder in der Richtung was,
Dann hab ich auch meinen Spaß.

Die endliche Geschichte

Gut so, ich blieb mir nichts schuldig,
Manche wurden ungeduldig,
Denn es werden die Gedichte
Zur unendlichen Geschichte

Wie man mir hat zugetragen;
Recht bedenklich würd ich sagen,
Dieses wäre wirklich schändlich,
Doch mein Leben es ist endlich.

Lassen wir's damit bewenden,
Auch das Schreiben wird dann enden,
Wenn nach altbewährtem Brauche
Ich mein Leben hier aushauche.

So wie's Schicksal mischt die Karten
Muß man meist solang nicht warten,
Somit liegt es schon viel näher,
Daß mein Schreiben endet eher.

Also laßt Euch nicht verdrießen,
Wenn aus meiner Feder fließen
Ein paar weitere Gedichte,
Bald wird enden die Geschichte.

Pegasus

Wenn ich ohne Unterlaß
Pegasus am Schwanze faß,
Wird das manchen sicher stören,
Er mag sich zu Recht empören,

Schließlich machte ich doch nur
Schwach das Wirtschaftsabitur;
Man empfahl mir auch das Schweigen,
Wie's den Philosophen eigen,

Und in Deutsch ging ich nach Haus
Mit der vier, das reichte aus,
Um mir Ausdruck zu verleihen,
Deshalb möge man verzeihen,

Wenn ich den beim Schreiben hier
Etwas überstrapazier;
Jedenfalls ist zu ersehen,
Daß bei allem was geschehen,

Trifft die Lehrer keine Schuld,
Hatten sie doch viel Geduld,
Mir im Deutschen beizubringen,
Daß mir kaum was würd gelingen.

Nun, ich hatte trotz der vier
Stets beim Schreiben mein Pläsier,
Und ich lernte unterdessen,
Die Zensur sollt man vergessen.

Zum Ende

Man stirbt wie man lebte,
Ich lebte nicht leicht
Und hab wohl in Kürze
Das Ende erreicht.

Dann wolln wir mal schauen,
Wie das vor sich geht,
Auch wenn's aus Erfahrung
Nicht gut darum steht.

Es könnt ja auch sein,
Daß man sich geirrt,
Ich ziehe von dannen
Ganz heiter verwirrt.

Zumindest werd ich
Von Beschwerden dann frei,
Das stimmt mich schon fröhlich,
Sie sind bald vorbei.

Dank Dir!

Es wird Zeit, Dir Dank zu sagen,
Hast mich so lang rumgetragen,
Eigentlich mein Leben lang
Und warst dabei kaum mal krank.

Was sind wir umhergelaufen,
Mußtest oft schon richtig schnaufen,
Manchmal sicher fast zuviel,
Doch im Auge stets ein Ziel.

Willig trugst Du jede Bürde,
Nahmst mit mir so manche Hürde
Und magst immer noch nicht ruhn,
Hast mit mir ganz schön zu tun.

Wenn Du willst, dann mach so weiter,
Und ich bleibe Dein Begleiter
Bis der Tag kommt, dann hast Du
Mit der lieben Seele Ruh.

Das Herz

Oft hör' ich Dich jetzt laut schlagen,
Möcht mich aber nicht beklagen,
Lieg im Bett ich, bum, bum, bum,
Und dann dreh ich mich herum.

Doch das Pochen gibt zu denken,
Dieses Heben, dieses Senken,
Die Bewegung in der Brust
Wurd mir früher kaum bewußt.

So beginn ich mich zu fragen,
Herz, wie lang wirst Du noch schlagen,
Hast bereits so viel geschafft,
Wie steht es um Deine Kraft.

Machst Du es noch ein paar Jahre
Bis ich Richtung Jenseits fahre,
Hast in Tagen Du vielleicht
Deine Endstation erreicht?

Nun, ich will nicht weiter grübeln,
Kann Dir schließlich nicht verübeln,
Wenn Du sagst, ich kann nicht mehr,
Denn Du hast es sicher schwer.

Der Unfug

Der Unfug des Sterbens, der Unfug des Lebens*
Als Grundstein meines denkenden Strebens?
Gewiß hätt ich dann zu viel nachgedacht,
Gedanken mir über Unfug gemacht.

Doch wenn man das Gros der Menschen betrachtet,
Erscheint es beschränkt, im Geiste umnachtet;
Man sucht dort nach der Essenz des Lebens
Trotz größter Mühe ganz sicher vergebens.

Kann auch zu Recht, von daher gesehen,
Das Leben der Menschen als Unfug verstehen,
Und dieser Unfug, der wird sich vererben,
Schon aufgrunddessen natürlich nicht sterben.

Kein Sterben, wie schön, dafür auch kein Leben,
Ich lag mit dem Denken völlig daneben;
Zumindest darf ich getrost weiterschreiben,
Denn wie es auch sei, der Unfug wird bleiben.

*Prentice Mulford, »Unfug des Lebens und des Sterbens«

Sterben ohne Gram

Gräme Dich nicht vor dem Sterben,
Wenn sich freuen Deine Erben
Hat das Sterben immerhin
Dadurch auch schon einen Sinn.

Kannst im voraus Du zuweilen
Ihre spätre Freude teilen,
Wär es wohl kaum einzusehn,
Wolltest Du nun gar nicht gehn.

Außerdem weißt Du, es sterben
Auch beizeiten Deine Erben,
Und je länger Du hier bist,
Desto kürzer wird die Frist,

In der sie von Deinen Gaben
Etwas Gutes für sich haben;
Sterbe drum mit gutem Mut,
Denn der Gram tut Dir nicht gut.

Für Schatzgräber

In meinem Nachlaß liegt kein Schatz,
Denn was ich schrieb, war für die Katz;
Das meiste machte ich bekannt,
Es bleibt ein kleiner Restbestand.

Den kann man sichten, wenn man mag;
Viel kommt ganz sicher nicht zutag,
Trotzdem, es reichte immerhin,
Zög nur ein einzger draus Gewinn.

Vielleicht schreib ich noch ein Gedicht,
Vielleicht auch zwei, ich weiß es nicht;
Grabt nicht danach und scheut die Müh,
Sonst freut ihr euch vielleicht zu früh.

Das wiederum tät mir sehr leid,
Ich möcht nicht stehlen euch die Zeit;
Wägt ab den Rat, den ich euch gab,
Damit ich meine Ruhe hab.

Der Lebensweg

Wenn wir unsre Straße gehen,
Vor uns nun ihr Ende sehen.
Fällt der Blick beim letzten Stück
Immer öfter mal zurück.

Es sind die vergangnen Zeiten,
Die gedanklich wir durchschreiten,
Plötzlich sind sie wieder da,
Gegenwärtig und so nah.

Eigentlich als ob wir schweben,
Vieles noch einmal erleben,
Nur die Dimension bis hier,
Für den Weg verloren wir.

Doch wir spürten sein Gefälle,
Schneller ging's ab einer Stelle,
Das Gefühl von Ewigkeit
Hält sich nur bereit im Leid.

Und die letzte Strecke leiden,
Dann doch lieber eher scheiden;
Scheint nicht jetzt schon das Geschick
Uns nur wie ein Augenblick?

Der echte Durchblick

Die Zeit, sie macht uns alle klein,
Es bleibt nicht viel vom schönen Schein,
Und wenn wir trotzdem nicht verbittern,
Obwohl ganz langsam wir verwittern,

Uns heiter zeigen und vergnügt,
Weil auch der schöne Schein oft trügt,
Läßt sich grad in den letzten Jahren
Der echte Durchblick noch erfahren,

Wenn sich der Geist nicht schlafen legt,
Von einem Tag zum andern trägt,
Erkennt im Werden und Vergehen
Den schwankend Grund auf dem wir stehen.

Doch mit der Aussicht, daß sich's lebt
Weit besser, wenn man erst entschwebt,
Daß uns hier niemand kann was rauben,
Solang wir nur fest daran glauben.

Überlegung

Ich könnt, wenn ich wollte
Und hab keine Lust,
Sie wollt, wenn sie könnte,
Lebt deshalb im Frust.

Da ist es doch besser,
Man kann was man will,
Will nicht, was man nicht kann,
Lebt heiter und still.

Weniger wär mehr

Hab' ich etwa übertrieben,
In der Tat zu viel geschrieben?
Ich hört' schon, daß dies so wär,
Nämlich weniger wär mehr.

Doch mir kommen da Bedenken,
Sollt ich wirklich mich beschränken,
Denn im Vielen, fällt mir ein,
Könnte vielleicht etwas sein,

Das grad einer würd gern lesen;
Es wär nun nicht dagewesen,
Hätt ich weniger gemacht,
Wurde daran auch gedacht?

Ich denk, was nicht bringt Behagen,
Kann man einfach überschlagen,
So sucht man sich das heraus
Was gefällt, läßt andres aus.

Jeder mag für sich auswählen,
Mit dem Vielen sich nicht quälen,
Denn das weniger wär mehr,
Nachzudenken fällt schon schwer.

Wäre nichts dann nicht am meisten?
Ich dürft mir rein gar nichts leisten,
Da schreib ich schon lieber mehr,
Selbst wenn das gibt nicht viel her.

Was lange währt

Was lange währt, wird endlich gut,
Der Spruch ist alt, er gab mir Mut,
Nämlich den Mut, am Ball zu bleiben,
Um täglich ein Gedicht zu schreiben.

Das mach ich nun vier Jahre schon,
Gleichwohl blieb er noch aus der Lohn,
Denn bisher hört ich niemand sagen,
Daß mein Bemühn würd Früchte tragen.

Doch wer sagt mir was lange ist,
Wo ist der Maßstab, der dies mißt?
Was einem wird als lang erscheinen,
Wär kurz, könnt jemand anders meinen.

Mithin ist Länge relativ,
Womöglich lagen beide schief,
Und auch das eigne Zeiterleben
Kann mir hier keinen Aufschluß geben.

Was zeitlich viele Jahre her,
Scheint mir als ob es heute wär,
Was später folgte unterdessen,
Das habe ich bereits vergessen.

So muß ich weiter tätig sein,
Vielleicht fällt mir was Gutes ein,
Zumindest möchte ich das hoffen,
Bleib drum für eine Antwort offen.

Treusein

Prüfe jeden Tag auf's neu,
Ob Du Dir bliebst selber treu;
Wenn ja, gibt's nichts zu bereuen,
Du kannst Dich darüber freuen,

Weil, wenn Reue an Dir nagt,
Diese Dich meist weit mehr plagt
Als das, was Du mußt bereuen,
Ließ Dich vorher erst erfreuen.

Deshalb bleib Dir selber treu,
Trenn das Gute von der Spreu,
Um Dir Unbill zu ersparen,
Wahre Freude zu erfahren.

Eigentum ist Diebstahl?

Eigentum ist Diebstahl* las ich
Und empfand, daß dieser Satz
Derart simpel nicht gebührt sich,
War hier völlig fehl am Platz.

Alles andre ausgewogen,
Wunderbar in Wort und Sinn,
Hab ich etwa auch betrogen,
Weil ich strebte nach Gewinn?

Um Vermögen zu erwerben,
Mühevoll mit großem Fleiß,
Nicht durch Spiel und nicht durch erben,
Zahlte niemals unter Preis.

Hab gepflegt es und erhalten,
Mit der Zeit es auch vermehrt,
Damit konnte ich gestalten,
Was ist daran nun verkehrt?

Werd es bald schon weitergeben,
War mein Handeln wirklich schlecht,
Viele werden davon leben,
Das ist doch nicht ungerecht.

Sh. »Hermann Hesse Lektüre für Minuten«,
Seite 29 : »Alles Geld ist gestohlen, alle Habe ist ungerecht«

Die beste Vorschrift

Es war bei einer Fahrt im Zug
Als ein Kontrolleur nach den Karten frug.
Ich sah ihn durch die Reihen gehn,
Vor einer alten Frau da blieb er stehn.

Sie war, welch Schreck, im falschen Zug,
Doch damit leider nicht genug!
Ihr Fahrschein war nicht gültig hier,
Also Vergehen nach Paragraph vier.

Die beste Vorschrift, das Gesetz,
Geschaffen selbst von Meisterhand,
Ersetzen nicht des Menschen Herz,
Gerechtigkeit noch den Verstand.

Die Vorschrift kannte kein Verzeihn,
Die alte Frau blickte verzweifelt drein;
Der Kontrolleur nahm zehn Mark von ihr,
Ihr letztes Geld wegen Paragraph vier.

Der Zug hielt an, die Frau ging hinaus,
Und sie sah ganz verstört und traurig aus;
So blieb sie auf dem Bahnsteig stehn
Und begriff noch nicht, was eben geschehn.

Die beste Vorschrift, das Gesetz,
Geschaffen selbst von Meisterhand,
Ersetzen nicht des Menschen Herz,
Gerechtigkeit noch den Verstand.

In seiner Todesstunde

Ich sehe die traurigen Augen
Vom alten gebrochenen Mann;
Er ist vor Jahren gestorben,
Seine Augen sehen mich an.

Er konnte sich nicht mehr wehren
Vor dem Haß durch den Schwiegersohn;
Der hat den Alten verabscheut,
Ihn verachtet mit bitterem Hohn.

War'n beide im gleichen Zimmer,
Hat der Schwiegersohn ihn übersehn,
Und fragte der Alte etwas,
Ließ er, ohne Antwort, ihn stehn.

Er machte den Alten zur Puppe
Aus totem, wertlosen Holz,
Noch lebend, durch ihn gestorben,
Darauf war der Schwiegersohn stolz.

Er sah nicht die traurigen Augen,
Die Tränen vom alten Mann,
Doch in seiner Todesstunde
Sehn ihn diese Augen an!

Der Regenwurm

Gewaltig brauste auf der Sturm,
Da schrie vor Angst der Regenwurm:
Mein Gott, was mach ich denn bloß jetzt,
Gleich kommt der Sturm der mich zerfetzt.

Da sprach der Herr: Du armer Tropf,
Bewahre einen kühlen Kopf,
Denk nach, und sieh, der Wurm verstand,
So daß er eine Lösung fand.

Er hat nur ganz kurz nachgedacht,
Sich dann sofort ans Werk gemacht:
Grub sich geschwind ein tiefes Loch,
In dem er sich ganz schnell verkroch.

Was lernen wir aus der Geschicht?
Nutz Deinen Kopf, verzage nicht,
Der ist viel größer als beim Wurm,
Dann widerstehst auch Du dem Sturm.

Es gibt sie nicht

Die Deutschen, nein es gibt sie nicht,
Im Guten nicht und nicht im Bösen,
Und wer da strebt nach wahrer Sicht,
Sollt sich von diesem Worte lösen!

Die Juden, auch sie gibt es nicht,
Auch nicht die Russen, die Chinesen;
Wenn jedes Vorurteil zerbricht,
Die Welt, sie könnte dann genesen.

Es zeigt sich schon im kleinsten Kreis,
Daß sich die Menschen selten gleichen;
Deshalb frag ich, für welchen Preis
Läßt sich das Gleichgefühl erreichen?

Der Preis ist Haß, er wird geweckt,
Wenn man gemeinhin Menschen richtet,
Und ebenso, nur mehr verdeckt,
Wenn man sie in den Himmel dichtet.

Ein Volk ist weder gut noch schlecht,
Das sollt als Richtschnur man verstehen,
Denn sonst währt niemals lange Recht,
Der Friede muß verlorengehen.

Der Fuchs und der Igel

Ein Fuchs der hatte ein Revier,
Dort wohnte auch ein Stacheltier;
Von allen Tiern Igel genannt
War es als friedlich nur bekannt.

Der Fuchs dachte, ich wünschte mir,
Den Igel ohne Stacheln hier,
Dann hätt ich ihn zum Fressen gern,
Doch Stacheln bleib ich lieber fern.

Und schlau wie so ein Fuchs mal ist,
Da sann er nach, fand eine List;
Er ging zum Igel und bat sehr;
Daß der für ihn zu sprechen wär.

Der Igel war sogleich bereit,
Du kannst mich sprechen jederzeit;
Also setzte der Fuchs sodann
Zu gut geplanter Rede an.

Ich bin der Stärkste im Revier
Und wünsch für alle Frieden mir;
Du kennst mich zwar seit Jahr und Tag,
Doch weißt Du kaum, daß ich Dich mag.

Nur eines find ich an Dir schlecht,
Du bist gerüstet zum Gefecht;
Dein Stachelkleid es bringt fürwahr
Den Frieden bei uns in Gefahr.

Aus diesem Grund kam ich zu Dir
Und sprech für alle Tiere hier,
Als Freund bitt ich Dich, sei gescheid,
Verzichte auf Dein Stachelkleid.

Der Igel fühlte sich gerührt
Und wie es einem Freund gebührt,
Wollt er dem Fuchs fortan vertraun,
Auf dessen gute Freundschaft baun.

Er legte ab sein Stachelkleid,
Da war es für den Fuchs soweit;
Der Igel ohne Gegenwehr,
War leichte Beute zum Verzehr.

Und die Moral von der Geschicht:
Vertraue falschen Freunden nicht,
Wer Stacheln hat, hört mir gut zu,
Den läßt der schlaue Fuchs in Ruh!

Die junge Frau von nebenan*

Die junge Frau von nebenan,
Oft hab ich sie gesehn;
Man spricht jetzt roh von Selbstmord,
Ich kann das nicht verstehn.

Die junge Frau von nebenan,
Ernst war schon ihr Gesicht;
Daß sie so sehr verzweifelt war,
Das ahnte man doch nicht.

Freitod ist niemals Mord,
Drum bitt ich Euch, streicht dieses Wort!
Freitod ist niemals Mord,
Drum bitt ich Euch, streicht dieses Wort!

Die junge Frau von nebenan,
Wie konnte das geschehn,
Hab ich mit offnen Augen
An ihr vorbeigesehn?

Die junge Frau von nebenan,
Ich bitt sie um Verzeihn,
Denn eher könnten wir vor ihr
Schuldig geworden sein.

Freitod ist niemals Mord ...

Die junge Frau von nebenan,
Sie starb einsam, allein;
Nie war sie eine Mörderin,
Wer's doch sagt, ist so klein.

Die junge Frau von nebenan,
Ich trauere um sie.
Ihr früher Tod berührt mich tief,
Und ich vergeß sie nie.

Freitod ist niemals Mord ...

Strafgesetzbuch § 211. Mörder ist, wer aus Mordlust, zur Be-
friedigung des Geschlechtstriebs, aus Habgier oder sonst aus
niedrigen Beweggründen, heimtückisch oder grausam ... einen
Menschen tötet.

*Aus LP »Schattensaiten« 1975
von Gerd Knesel, Text H. Scheurer

Auschwitz *

Vergeßt sie nicht, vergeßt sie nicht,
Die HOLOCAUSTS der Welt;
Von Schuld frei ist wohl nur ein Mensch,
Der mutig sich dagegen stellt.

Wir dürfen nicht verdrängen,
Als gäb es Auschwitz nicht,
Der Wille zum Erkennen,
Er ist der Weg zum Licht.

Auschwitz, jenseits vom Verstehen,
Unfaßbare Wirklichkeit,
Wär sie dadurch ungeschehen,
Gern ständ ich dem Tod bereit.

Auschwitz, einer dieser Orte
Völkermord und Barbarei,
Zu bescheiden bleiben Worte,
Doch wer hört der Toten Schrei.

Auschwitz, aller Menschen Bürde,
Klagt die ganze Menschheit an,
Nahm der Mensch dem Mensch die Würde,
Diese Tat trifft jedermann.

Auschwitz, immer wieder denken,
Uns in seinen Opfern sehn,
Sollte jeden Menschen lenken,
Nie ein Auschwitz neu entstehn.

Vergeßt sie nicht, vergeßt sie nicht
Die HOLOCAUSTS der Welt;
Von Schuld frei ist wohl nur ein Mensch,
Der mutig sich dagegen stellt.

Wir dürfen nicht verdrängen,
Als gäb es Auschwitz nicht,
Der Wille zum Erkennen,
Er ist der Weg zum Licht.

Auschwitz, immer wieder denken,
Uns in seinen Opfern sehn,
Sollte jeden Menschen lenken,
Nie ein Auschwitz neu entstehn.

* Aus LP »Schattensaiten« 1975
von Gerd Knesel, Text H. Scheurer

Zwei Seelen in der Brust

Zwei in eins in Deinem Wesen,
Schwer für mich, darin zu lesen,
Hab das eine stets gesucht
Und das andere verflucht.

Mit dem einen tief verbunden,
Hatt' ich meine schönsten Stunden,
Doch das andre kam zurück,
Es verwehrte mir ein Glück,

Das uns gibt den Seelenfrieden,
Wohl nur wenigen beschieden;
Letzten Endes aber dann
War's das eine, das gewann.

Zwei in eins, wir alle spürten,
Wie sie ihre Kämpfe führten,
Die zwei Seelen in der Brust
Zwischen Tugend und der Lust.

Glücksgefühl

Glück, ich hab mal dran gerochen,
In die Nase ist's gekrochen;
Es verweilte ein paar Stunden,
War für immer dann verschwunden.

Hab die Nase mir gerieben,
Glücksgefühl ist ausgeblieben,
Bald schien mir das Glücklichwerden
Nur verbunden mit Beschwerden,

Weil nach allzu vielem Reiben
Nichts als Schmerzen übrig bleiben;
Fortan hab ich mich beschieden,
War mit weniger zufrieden.

Enttäuschung

Enttäuschung – nun, sie ist geblieben,
Ein Hoch auf alles, was wir lieben
Und liebten, nur ein Wort,
Die Täuschung ist endgültig fort.

Damit zugleich auch die Beschwerden,
Wir konnten bindungsfrei nun werden,
Dafür gilt manchem jetzt der Dank,
Der uns getäuscht, oft viel zu lang.

So haben wir dann ungebunden
Doch schließlich zu uns selbst gefunden
Und gehn enttäuscht, doch frei im Sein
Letztendlich in das Jenseits ein.

Der Erwartungskreis

Weit gezogen war der Kreis,
So verlockend schienen Reisen,
Eng begrenzt bisher mein Gleis,
Wollt die ganze Welt umkreisen.

Malte sie phantastisch aus
Mir in meinen Jugendträumen,
Und es zog mich dann hinaus,
Um davon nichts zu versäumen.

Doch ich lernte mit der Zeit
Sehr genau zu unterscheiden
Zwischen Traum und Wirklichkeit,
Ja, zwei Welten sind die beiden.

Kam zurück und war recht froh
Im vertrauten Kreis zu landen,
Mittlerweile kam mir so
Auch die Reiselust abhanden.

Immer enger wurd der Kreis
In dem Alter, und ich sehe,
Wie ich mich nun still und leis
Um die eigne Mitte drehe.

Der Sinn

Traurig der Beginn,
Ein trauriges Ende,
Dacht' mir, daß den Sinn
Dazwischen ich fände.

War stets drum bemüht,
Was hab ich gefunden,
Im Herzen erglüht,
Ein paar gute Stunden.

Viel Arbeit und Schweiß,
Um mich abzulenken,
War dafür der Preis,
Vom quälenden Denken.

Was soll's, immerhin
Ich blieb aufrecht stehen,
Das macht doch schon Sinn,
Kann nun ruhig gehen.

Zum Höchsten*

Kein Wesen kann dem Tod entrinnen,
Die Natur ist wie von Sinnen
Gegenüber jedem Leben,
Das dem Zufall preisgegeben.

Grausam scheint sie, dumm zuweilen
Ihre Launen zu verteilen;
Wenige wolln sehn die Türen,
Die zum Sinn des Lebens führen.

Menschen, die nicht dran verzagen,
An dem Schicksal, das sie tragen,
Und im leidgeprüften Ringen,
Es zu einem Sinn hin zwingen,

Die Verzweiflung überwinden,
Dadurch zu sich selber finden,
Stelln zum Höchsten hin die Weichen,
Das der Mensch nur kann erreichen.

*Sh. »Hermann Hesse Lektüre für Minuten« S. 92 u. 93

Ihr seid in mir

Ihr seid in mir geblieben,
Ich bin wie Euer Grab;
Ein Grab für meine Lieben,
Die ich tief in mir hab.

Seit langem schon vergangen,
Lebt Ihr wie eh und je
Dort frei und unbefangen,
Wo ich Euch täglich seh.

Gleichwohl in weiter Ferne,
Hört Ihr nicht, was ich sag,
Komm ich Euch näher gerne
Mit jedem weitren Tag.

Das Grab, ich werd es pflegen,
So lang ich Gast hier bin,
Und Blumen darauf legen
In dem mir eignen Sinn.

Tragt Euch!

Trag Dich! Trägst Du Dich nicht mehr,
Schaust Du aus recht alt,
Schattengleich schleichst Du daher,
Traurig in Gestalt.

Trag Dich dadurch, daß Du trägst
Einen andern mit,
Wenn den Arm Du um ihn legst,
Faßt ihr beide Tritt.

Tragt Euch durch der Zeiten Lauf
Mutig, unverzagt,
Richtet Euch am andern auf,
Gebt nicht auf und tragt.

Weihnacht kommt!

Weihnacht kommt! Ich fühl es sehr,
Jeden Tag ein wenig mehr;
Dieses Fest friedlicher Zeit
Öffnet unsre Herzen weit.

Weihnacht kommt! Wie wunderschön,
Jetzt in Kinderaugen zu sehn,
Wie sie strahln zur Weihnachtszeit,
Leuchten in Glückseligkeit.

Weihnacht kommt! Kündet Gesang,
Lieblicher, vertrauter Klang;
Zauber längst vergangner Zeit,
Wie ein Hauch von Ewigkeit.

Weihnacht kommt! Und lädt uns ein
Zueinander freundlich zu sein;
Weihnacht kommt! Herrliche Zeit,
Haltet Euch für sie bereit!

Rose und Veilchen

Ein Antlitz so bezaubernd schön,
Läßt leicht die Dornen übersehn;
Doch willst Du eine Rose brechen,
Vergiß nicht, sie kann schmerzhaft stechen.

Was äußerlich macht so begehrt,
Bedingt noch keinen innren Wert;
Das Gegenteil, scheint mir, kommt eher
Der Wirklichkeit ein Stückchen näher.

Das Veilchen treu mit Herz, Gemüt,
Nur an entlegner Stelle blüht,
Wird nicht gesucht und oft verschmäht,
Weil es zu sehr im Schatten steht

Der Rose, die mit ihrem Glanz
Und der ihr eignen Dominanz
Vermag die Sinne zu betören,
Sie soll jedoch nur Dir gehören

Und will von einem nicht allein,
Von vielen gern bewundert sein;
Das Glück, sich Dir ganz hinzugeben,
Ließ mit dem Veilchen sich erleben.

Suche in sich

Er suchte sich in sich zeitlebens,
Sporadisch zwar, doch stets vergebens
Und fühlte nun die Hoffnung schwinden,
Sich jemals in sich selbst zu finden.

Doch außerhalb sich, dies schien klar,
Daß er durchaus vorhanden war,
Denn mancher sagt, daß er ihn kennt,
Wenn man nur seinen Namen nennt.

So dreht er weiter seine Runden,
Hat niemals zu sich selbst gefunden;
Sein Trost, ich würd es auch so sehn,
Den meisten wird's nicht anders gehn.

Herz-Schmerz

Herz und Schmerz, es war verpönt,
Damit ein Gedicht zu schreiben,
Hat die Lehrerin gehöhnt,
Sollte besser unterbleiben.

Ja, sie wußte gut bescheid,
So was schreiben Dilettanten,
Herzensfreud und Herzensleid,
Nicht die ihr im Geist verwandten.

Nun, was lernte ich daraus,
Wurd ich klüger? Nein, mitnichten,
Sicher wär's für sie ein Graus,
Ich fing nämlich an zu dichten;

Obendrein mit Freud und Schmerz,
Beide hab ich tief empfunden,
Sie, ich nahm mir drauf ein Herz,
Dann in Verse eingebunden.

Herz und Schmerz im Wechselspiel
Sollten mich fortan begleiten,
Schrieb ich über sie zu viel?
Es lohnt nicht, darum zu streiten.

Meine kleine Maus

Nun liegt meine kleine Maus
Wieder mal im Krankenhaus,
Doch sie ist dort nicht allein,
Ich werd immer bei ihr sein;

Denk an sie von früh bis spät;
Wenn es ihr bald besser geht,
Hole ich sie ganz schnell ab,
Und wir freun uns nicht zu knapp.

So wie ich das heut schon seh,
Springt umher sie wie ein Reh
Und vergessen ist das Leid,
Denn sie kriegt ein neues Kleid.

Symbol fürs Leben

Schaut die traurigen Gestalten
Wie sie sich am Wagen halten,
Mühsam Schritt für Schritt ihn schieben,
Was ist ihnen noch geblieben?

Unverzagt und ohne Klagen
Tief gebeugt ihr Kreuz zu tragen;
Dies Kreuz als gelebtes Zeichen
Sollt den Mitmenschen erreichen,

Um die Augen ihm beizeiten
Für das eigne Los zu weiten,
Sich den Alten hinzuwenden,
Jedes Leben kann so enden.

Sollten wir uns nicht versagen,
Für den andern mitzutragen;
Wenn wir dies zum Sinn erheben,
Wird das Kreuz Symbol fürs Leben.

Gott in uns

Gott kann nur in uns selber sein,*
Ansonsten ist der Mensch allein,
Denn wenn ein Kind um Hilfe schreit,
Gäb's ihn, er ständ sofort bereit,

Würd es in seine Arme schließen,
Nicht zusehn, wie die Tränen fließen,
Es sicher nicht dem Tod preisgeben,
Wenn er ihm grad geschenkt das Leben.

Wie können wir um Hilfe bitten,
Tat er nichts als das Kind gelitten,
Wird er sich kaum dazu bequemen,
Uns unsre Sorgen abzunehmen.

Es gilt, Einkehr in uns zu halten,
Um eigne Kräfte zu entfalten,
Denn so nur öffnen sich die Türen,
Die hin zum Weg des Guten führen.

Sh. »Hermann Hesse Lektüre für Minuten« Seite 142

Lauf der Zeit

Du lebst in der Unendlichkeit,
Das Ende scheint unendlich weit,
Doch schreitet fort die Lebenszeit,
Wird Dir bewußt die Endlichkeit.

Damit vollzieht sich eine Wende,
Du siehst den Anfang jetzt vom Ende,
Und ist das Ende nicht mehr weit,
Läuft immer schneller fort die Zeit.

Sie fehlt dann bald an allen Enden,
Deshalb sollt man sie nicht verschwenden,
Sie nutzen und sodann beizeiten,
Sich auf das Ende vorbereiten.

Das Marmelspiel

Frag ich nach den frohen Stunden,
Wie ich sie als Kind empfunden,
Denk ich auch ans Marmelspiel,
Es bracht' Freude, gab mir viel.

Wie schnell ist die Zeit verronnen,
Ein paar Marmeln meist gewonnen,
Die zu Haus an ihrem Platz
Mich erfreuten wie ein Schatz.

Bald darauf warn sie vergessen,
Mit den neuen Interessen
Im Gefühl als junger Mann,
Sah ich Marmeln nicht mehr an.

Darauf in den spätren Jahren,
Die für mich erfolgreich waren,
Überkam mit neuer Kraft
Mich die Sammelleidenschaft.

Bilder, antiquierte Sachen
Konnten mir nun Freude machen,
Sind, wenn durch mein Haus wir gehn,
Noch in jedem Raum zu sehn.

Doch so kam ich in die Jahre,
Hab vor Augen meine Bahre,
Und was ich mit Mühe fand,
Scheint mir gleichsam fast als Tand;

Wie die Marmeln muß ich denken,
Kannst vergessen es, verschenken,
Fühl, wie das, was man gewinnt
Im Besitz zu nichts zerrinnt.

Rückbesinnung

Wenn wir uns zurückbesinnen,
Schrumpft unsre Vergangenheit,
In dem Bild, das wir gewinnen,
Zum Moment gefühlter Zeit.

Somit haben wir zu leben
Nur zwei Tage, wohl nicht mehr,
Darin ist ihm recht zu geben,
Nämlich Francois Voltaire.*

Kriechend durch die Zeit sich schleppen,
Wäre nicht der Mühe wert,
Vor gemeinen Schurken, Deppen,
Wie er weiterhin erklärt.

Wenn wir aber aufrecht schreiten
Durch des Lebens kurzen Lauf,
Läßt ein Sinn sich draus herleiten,
Hellt sich unser Dasein auf.

*F. Voltaire:
»Nous n'avons que deux jours à vivre: Ce n'est pas la peine de
les passer à ramper sous des coquins méprisables.«

In Stille ruhn

So wie der See in Stille ruht,
Verharrt auch der Gefühle Flut,
Wenn sich die Lebenswaage neigt,
In der Erinnerung sich zeigt,

Was leidvoll, freudvoll Du erfahrn,
In den verflossnen Lebensjahrn,
Da alles bleibt nun wie es war,
Auf ewig unveränderbar,

Glaubst Du, es mußte wohl so sein,
Fügst Dich still in das Schicksal ein;
Weißt, wenn Verflossnes Dich berührt,
Daß es ins Sein der Stille führt.

Kein Grab

Niemand steht an meinem Grab,
Schon weil ich gar keines hab,
Zumal da auch niemand wäre,
Der mir gäb am Grab die Ehre.

Ist es aus, dann ist es aus,
Es gibt keinen Leichenschmaus,
Keine Freude, keine Trauer,
Keine Erben auf der Lauer.

Doch vielleicht gibt's ein Gedicht,
Das noch einmal für mich spricht,
So daß irgendjemand denkt,
Schön, daß er es mir geschenkt.

Im Wandel der Zeit

Im Wandel der Zeit
Liegt alles bereit:
Der Säugling, er schreit,
Dem Tod schon geweiht.

Was er noch nicht weiß,
Auch er wird ein Greis;
So legt er ein Stück
Auf Erden zurück.

Im Wandel der Zeit
Liegt alles bereit,
Mal Freude, mal Leid,
Doch Beständigkeit

Gibt's im Leben nicht,
Weil alles zerbricht,
Sie macht sich nur breit
Im Wandel der Zeit.

Im Herzen die Trauer

Im Herzen die Trauer,
Wer nie sie empfand,
Dem blieb auch das tiefste
Gefühl unbekannt.

Die Liebe, das Leiden,
Auf's engste verwandt,
Ein Paar sind die beiden,
Sie gehn Hand in Hand.

Für wen es das Mitleid
Im Herzen nicht gibt,
Der hat vor allem
Sich selber geliebt.

Dein Glaube

Wenn der geliebte Mensch im Leid
Sich qualvoll windet durch die Zeit,
Es scheint, daß es nur abwärts geht,
Sein Ende Dir vor Augen steht,

Dann glaube einfach nicht daran,
Denn es kommt auf den Glauben an;
Halt an dem guten Glauben fest,
Der Ruhe gibt, Dich atmen läßt,

Stell Dir jetzt vor, daß bald vielleicht
Ein neuer Anfang ist erreicht,
Ein Arm sich hilfreich um euch legt,
Der auch fortan euch weiter trägt.

Verzweifelt in die Zukunft schaun,
Nein, Deinem Glauben fest vertraun;
Was noch nicht ist, stellt sich erst ein,
Kann doch zum Schluß ganz anders sein.

Der Vorgriff führt nur dann zum Sinn,
Wenn er vorab Dir bringt Gewinn;
Halt deshalb an dem Glauben fest,
Der Dich das Gute hoffen läßt.

Unser Weg

Lange, lange ist es her,
Daß wir unsren Weg gegangen,
Scheint als ob es heute wär,
Halt im Herzen Dich umfangen.

Spüre Dich bei jedem Schritt,
Den ich nun alleine gehe,
Es ist so als gingst Du mit,
Ich fühl Dich in meiner Nähe,

Deine Hand in meiner Hand,
Dich in Deiner Anmut schauen,
Unsrer Liebe innig Band
Daran will ich mich erbauen.

Für Dich

Aus tiefem Schlaf wieder erwacht,
Diesem kleinen Tod der Nacht,
Um mich mühvoll zu erheben,
In den neuen Tag zu streben.

Den ich voll der Sorge schau,
Scheint er mir so trist und grau,
Doch um Dich alsbald zu sehen,
Lohnt es sich noch aufzustehen.

Das ist meines Lebens Lauf,
Braucht man mich, geb ich nicht auf,
Magst auch auf den schwersten Wegen
Deine Hand in meine legen.

Und wenn sie dereinst erbleicht,
Hab auch ich mein Ziel erreicht,
Kann zur letzten Ruh mich legen,
Komm Dir freudig dann entgegen.

Du hast geweint

Du hast geweint, das tut mir weh,
Ich fühle Deinen Schmerz,
Die Träne, die ich bei Dir seh,
Ist wie ein Stich ins Herz.

Ich halte Dich, ich bin bei Dir,
Was immer mag geschehn,
Den weitren Weg, den werden wir
Tapfer gemeinsam gehn.

Du schaust mich an, ein Sonnenschein,
Dein Lächeln tut so gut,
Wir wollen zuversichtlich sein
Und fassen neuen Mut.

Am Fenster

Du stehst nicht dort wie sonst am Fenster
Und winkst mir nicht beim Fortfahrn zu,
Gardinen seh ich, wie Gespenster,
Sich leicht bewegend, was machst Du?

Ich bin bei Dir, Du sollst nicht leiden,
Geb Dir doch meine ganze Kraft,
Würd gern gemeinsam mit Dir scheiden,
Entschweben erdgebundner Haft.

In eine Welt, vom Licht durchdrungen,
Wo wir in eine Richtung sehn,
Grad so als ob wir eng umschlungen
Zusammen an dem Fenster stehn.

»Ich sterbe«

»Ich sterbe«, nein, das tust Du nicht,
Das darfst Du nicht mal denken,
Ich möcht, bevor mein Herz zerbricht,
Dir so viel Liebe schenken.

Du siehst den Schnee, das kalte Kleid,
Es geht Dir zu Gemüte,
Die Sonne kommt, wart ab die Zeit,
Wart auf des Frühlings Blüte.

Sie gibt Dir wieder neue Kraft,
Du wirst Dich dann erheben,
Um, ist erst dieser Schritt geschafft,
Den Sommer zu erleben.

Vergessen wird Dein Kummer sein,
Mach Dir nur keine Sorgen,
Ich schließ Dich in die Arme ein,
Du bist bei mir geborgen.

Wenn die Engel ...

Liebste, Du bist einen langen
Schweren Leidensweg gegangen,
Deine letzten Kräfte schwinden,
Möchtest bald Erlösung finden.

Doch die Atemluft zum Leben
Wird auch mir durch Dich gegeben;
Ich möcht Dich noch enger fassen,
Nicht aus meinen Armen lassen.

Weiß Liebste, ich darf nicht klagen,
Wenn die Engel fort Dich tragen,
Zählt nur eins, daß Dir der Frieden
Ist nun ewiglich beschieden.

Im Sterbezimmer

Du liegst in Deinem Sterbezimmer,
Ich sitz bei Dir, Du atmest kaum,
Wünsch mir, dies wäre nur ein schlimmer
Bald endender sehr böser Traum.

Du blühtest wunderbarerweise
Noch einmal auf, mit letzter Kraft
Hauchtest mir in mein Ohr ganz leise,
Ich bin am Ziel, hab es geschafft.

Du welkst, die Wangen eingefallen,
Ich streichle über Dein Gesicht,
Hör schon die Totenglocken schallen,
Nein, so weit ist es jetzt noch nicht.

Noch in das Leben eingebunden,
Fühl ich mich als ein Teil von Dir,
Die Zeit bemißt sich nun in Stunden
Bis es vollbracht, dann sterben wir.

Keine Bäume

Keine Bäume, Blumen, Pflanzen;
Stell' Dir vor, sie gäb's nicht mehr,
Schien die Erde nicht im ganzen
Als Planet dann trist und leer?

So weit ist es nun gekommen,
Wie versteinert schaun sie aus,
Seit die Liebste mir genommen,
In dem Sarg verließ das Haus.

Für mich gibt es keine Farben,
Meine Welt wurd öd und grau,
Alle die Gefühle starben,
Nur nicht die für meine Frau.

Mein Puschi komm!

Wenn Dich des Nachts die Schmerzen quälten,
Dann riefst Du mich durchs Babyphone,
Mein Puschi komm! Minuten zählten,
Ich war hellwach beim ersten Ton.

Bin drauf so schnell ich konnt gekommen,
Hab Dich versorgt, ließ nach die Pein,
Dich in die Arme sanft genommen,
Bis Du beruhigt schliefst wieder ein.

Des Nachts, ich höre es bisweilen,
Mein Puschi komm! Ich käm so gern,
Wach auf, ich möchte zu Dir eilen,
Doch Du bist unerreichbar fern.

Und mich erfaßt ein starkes Sehnen,
Ach, könnte ich doch bei Dir sein,
Ich weine um Dich bittere Tränen,
Bin ruhelos, schlaf nicht mehr ein.

Paß auf ihn auf!

Als sich Dein Weg zum Ende neigte,
Sprachst Du vertrauensvoll zu ihr,
Paß auf ihn auf! Und darin zeigte,
Sich Deine Liebe, sie galt mir.

Paß auf ihn auf, Du schienst zu spüren,
Daß ich, wenn Du gingst fort von mir,
Mein Leben könnt nicht weiterführen,
Weil ich den Mut dazu verlier.

Warum sollt ich auch weiterstreben,
Ich bin am Ziel, tat meine Pflicht,
Es gibt nichts, was ich Dir könnt geben,
Nur Tränen, und die siehst Du nicht.

Ein sanftes Sterben

Fünf Jahre Liebling hoffen, leiden,
Du warst so tapfer bis zum Schluß,
Ich blieb nun übrig von uns beiden,
So daß ich weiter leiden muß.

Ein Leben kann man das nicht nennen,
Sich quälen, worin liegt der Sinn?
Ich kann ihn wirklich nicht erkennen,
Es zieht mit Macht mich zu Dir hin.

Für Dich Verantwortung zu tragen,
War für mich sinnerfülltes Sein,
Warum soll ich mich nun noch plagen,
Es reicht, beenden wir die Pein.

Sei mir vergönnt ein sanftes Sterben,
Denn eigentlich bin ich schon tot,
Ein Trunk, zum Ende keinen herben,
Doch der befreit aus meiner Not.

Ins Schattenreich

Die Zeit steht still, Du bist nicht mehr,
Ein Schatten blieb von mir,
Irrt ruhlos wie im Kreis umher,
Sucht überall nach Dir.

Er sucht im Sterbezimmer Dich,
Doch Du bist nicht mehr dort,
Wo bist Du? Er erinnert sich,
Du starbst, man trug Dich fort.

Er sucht in der Vergangenheit,
Jetzt bist Du ihm ganz nah,
Geht wieder Hand in Hand zu zweit,
Dann bist Du nicht mehr da.

Er sucht und sucht, doch schattengleich
Entschwindest Du dem Blick,
Er folgt Dir bald ins Schattenreich,
Denn dies ist sein Geschick.

Die Zeit ging weiter

Hör mein Schatz, die Zeit ging weiter,
Nur in mir da blieb sie stehn,
Man zeigt sich wie ehdem heiter,
So als wäre nichts geschehn.

Meine Welt sie ging zugrunde,
Mein Herz schlägt nur noch für Dich,
Trägt so schwer an seiner Wunde,
Windet in Verzweiflung sich.

Würd so gern an Dir gesunden,
Eins mit Deinem Herzen sein,
Unauflöslich fest verbunden,
So, daß nichts sie könnt entzwein.

Das Letzte was ich habe

Seit man Dich trug zu Grabe
Ist alles, was ich habe,
Erinnerung an Dich,
Die keinen Tag verblich.

Daß Wunden nicht verweilen,
Weil Zeit sie würde heilen,
Wie schöpf ich daraus Mut,
Für mich wär das nicht gut.

Das Letzte, was ich habe,
Fiel auch anheim dem Grabe,
Die Welt ist so schon leer,
Dann hätt ich gar nichts mehr.

Eine zauberhafte Frau

Siehst Du mein Liebling, ganz genau,
Warst eine zauberhafte Frau;
Das hör ich alle jene sagen,
Die mit mir Deinen Tod beklagen.

Dies Zauberhafte zog mich an,
Hält mich noch heut in seinem Bann
Und wird in den verbliebnen Zeiten
Bis hin ins Jenseits mich begleiten.

Auf Wiedersehn

Du sagtest leis auf Wiedersehn
Zu mir, auf Wiedersehn, welch Wort
Und wußtest, Du mußt von mir gehn,
Kurz drauf trug man im Sarg Dich fort.

Auf Wiedersehn, ich frage mich,
Wie können wir uns wiedersehn,
Wenn mit dem Tod wir ewiglich
Im körperlosen Nichts vergehn.

Dich wiedersehn, das wär mein Glück,
Ich gäbe alles dafür hin,
Weiß doch, kein Gott gibt Dich zurück,
Mit Dir schwand meines Lebens Sinn.

Hier schließt sich der Kreis

Ich komm nach Haus und schau nach Dir,
Wünsch mir, Du mögst am Fenster stehn,
Weiß doch genau, Du bist nicht hier,
Ich werd Dich niemals wiedersehn.

Das Haus ist kein Zuhause mehr,
Es lebt nicht mehr seit Du bist fort,
Erscheint mir trostlos nun und leer,
Gleichwohl zieht's mich an diesen Ort.

Hier sah ich Dich zum letzten Mal,
Hier hielt ich in den Armen Dich,
Hier teilt' ich mit Dir Freud und Qual,
Hier schließt der Kreis des Lebens sich.

Die Endstufe

Wir durchschritten viele Stufen
Im vereinten Lebenslauf
Bis Du wurdest abberufen,
Weiter komm ich nicht hinauf.

Abschied will mir nicht gelingen,
Denn mein Herz ist nicht bereit,
Kann zur Trennung es nicht zwingen,
Sehnt zurück sich nach der Zeit

Als uns in den letzten Jahren
Tiefste Innigkeit verband,
Haben Liebe wir erfahren,
Die auf ewig hat Bestand.

Wonach sollt ich nun noch streben,
Hab ich nicht erreicht mein Ziel?
Mich zu Höhrem zu erheben,
Wär ein aussichtsloses Spiel.

Ich will zu Dir

Bei allem Liebling was ich tu,
Werd ich beherrscht von Eile,
Du läßt es einfach nicht mehr zu,
Daß ich in Ruh' verweile.

Ich will zu Dir so schnell ich kann,
Dich liebevoll umfassen,
Es strahln mich Deine Augen an,
Möcht Dich nicht warten lassen.

So war's in der Vergangenheit,
Wie soll ich das vergessen,
Trag allzu schwer an meinem Leid,
Von niemand zu ermessen.

Ich will zu Dir mein Schatz und weiß,
Daß ich erst Ruhe finde,
Wenn ich, das ist dafür der Preis,
Dies Leben überwinde.

Im Wahn

Die Trennung, die ich selbst erfuhr,
Kann größer nicht mehr sein;
Ich denk an meine Liebste nur
Im Schmerz tagaus, tagein.

Doch jede große Trennung trägt
In sich des Wahnsinns Keim,
Wer sich ihm hingibt, wer ihn pflegt,
Kann falln dem Wahn anheim. 1)

Da hilft mir auch kein guter Rat,
Mich drum davor zu hüten,
Den Keim als unheilvolle Saat
Nachdenklich auszubrüten. 2)

Ich ziehe weiter meine Bahn,
Was immer mag geschehen,
Mög enden sie für mich im Wahn,
Wenn wir uns wiedersehen.

1) - 2) Sh. Die neuen Tieck-Bücher »Trost bei Goethe« S. 42

Ich danke Dir

Wenn ich Dir in die Augen sah,
Dann sagte mir Dein Blick,
Dein Lächeln, ich bin Dir ganz nah,
Darin lag all mein Glück.

So lebte ich in Dir mein Schatz,
Dadurch gleichwohl in mir,
Hatt' tief im Herzen einen Platz,
Und dafür dank ich Dir.

Dein liebevoller Blick gab Mut
Im Leben zu bestehn,
Noch halt ich stand der Trauer Flut,
Werd darin untergehn.

Erlebnisse im Hotel mit König Alfred und seinem Hanswurst unter Berücksichtigung der Zensur durch das Landgericht Hamburg. Der Kampf eines Bürgers gegen ein Unternehmen mit faschistoiden Verhaltensweisen Band I-VIII

König Alfred und sein Hanswurst
Ein MALBUCH mit 66 heiteren Geschichten.
Für Jugendliche im Alter von 8-88 Jahren
ISBN 978-3-8334-8037-9

Die frivolen Geschichten
mit König Alfred und seinem Hanswurst
ISBN 978-3-8334-8038-6

Sokrates läßt Deutschland grüßen –
damit Freiheit atmen kann
ISBN 978-3-8334-7988-5

Das große Kochbuch
Ein Menü für Juristen und verantwortungsbewußte Staatsbürger
ISBN 978-3-8334-7987-8

Mir reicht´s - Deutschland ade
ISBN 978-3-8334-7986-1

Daß Liebe unser Leben durchdringt ...
ISBN 978-3-8334-7977-9

Nur noch für Dich – Eine Liebeserklärung
ISBN 978-3-8334-7976-2